PETER LAFFERTY era maestro de ciencias de una secundaria. Desde 1985 se ha dedicado a escribir libros de ciencias y tecnología para niños y para la lectura en casa. Ha redactado y contribuido a varios diccionarios y enciclopedias científicos.

BETTY ROOT era la Directora del Centro de Lectura e Información sobre el Lenguaje de la Universidad de Reading, Inglaterra durante más de 20 años. Ha trabajado con numerosos libros para niños, incluyendo obras de ficción y literatura fuera de la novelística.

SHIRLEY WILLIS nació en Glasgow, Escocia. Ha trabajado como ilustradora, diseñadora y redactora, principalmente de libros para niños.

REDACTORA: KAREN BARKER SMITH
ESPECIALISTA TÉCNICO: PETER LAFFERTY
ESPECIALISTA DEL LENGUAJE: BETTY ROOT

UN LIBRO DE SBC, CONCEBIDO, REDACTADO Y DISEÑADO POR THE SALARIYA BOOK COMPANY, 25 MARLBOROUGH PLACE, BRIGHTON, EAST SUSSEX BN1 1UB, REINO UNIDO.
© THE SALARIYA BOOK COMPANY LTD MCMXCIX

PRIMERA EDICIÓN ESTADOUNIDENSE 1999, POR FRANKLIN WATTS
GROLIER PUBLISHING CO., INC., 90 SHERMAN TURNPIKE, DANBURY, CT 06816

ISBN 0 531 11842 8 (LIB. BDG.)
ISBN 0 531 15992 2 (PBK.)

VISITE A FRANKLIN WATTS EN EL INTERNET A: HTTP://PUBLISHING.GROLIER.COM

GROLIER
PUBLISHING

La documentación de catálogo que corresponde a este título se puede obtener de la Biblioteca del Congreso de los EE.UU.

LOS ESTUPENDOS

ÍNDICE GENERAL

Dondequiera que veas este símbolo, pídele a una persona mayor que te ayude.

LOS ESTUPENDOS
DIME QUÉ TAN LEJOS ESTÁ DE AQUÍ

Escrito e ilustrado por
SHIRLEY WILLIS

W
FRANKLIN WATTS
Una división de Grolier Publishing
NEW YORK • LONDON • HONG KONG • SYDNEY
DANBURY, CONNECTICUT

¿QUÉ ES LA DISTANCIA?

El espacio entre las cosas se llama la distancia.

Algunas distancias son muy cortas.

¡AQUELLA ARAÑA ESTÁ DEMASIADO CERCA!

No hay mucha distancia entre nosotros.

6

Algunas distancias
son muy largas.
La luna está muy
lejos de la tierra.

La distancia puede
ser de cualquier
tamaño.

7

¿EN QUÉ DIRECCIÓN SE MIDE LA DISTANCIA?

Se puede medir la distancia en cualquier dirección – hacia arriba, hacia abajo, a la izquierda o a la derecha.

¿HASTA DÓNDE PUEDE SUBIR ESTA ESCALERA?

¿HASTA DÓNDE DEBE ESCARBAR EL PERRO?

8

La piscina es larga en una dirección y ancha en la otra.

EL ANCHO

EL LARGO

PUEDO NADAR AL LADO MÁS CERCANO DE LA PISCINA, PERO NO PUEDO LLEGAR AL LADO MÁS LEJANO.

¡ESTÁ MUY LEJOS!

9

¿PUEDES ADIVINAR LA DISTANCIA?

Tienes que saber la distancia desde tu casa hasta la escuela para que llegues puntualmente.
No puedes medir todas las distancias.
A veces tienes que adivinarlas.

¿ESTÁ CERCA O LEJOS?

Necesitarás: dos saquitos de frijoles

1. Pon un saquito delante de los pies y utilízalo como marcador. Echa el otro saquito.
2. Camina hasta dónde esté el saquito y cuenta los pasos necesarios para llegar allí.
3. Echa de nuevo el saquito. Esta vez, adivina si ha ido más lejos antes de medir la distancia a pasos.
¿Adivinaste bien?

¡HE TIRADO DEMASIADO LEJOS AQUEL SAQUITO DE FRIJOLES!

Trata de adivinar la distancia mientras que caminas. Adivina cuántos pasos necesitarás para llegar al próximo poste de alumbrado o al fu. de la calle.

11

¿QUÉ TAN LEJOS ESTÁ DE AQUÍ?

La distancia entre un lugar y otro es más larga cuando una calle tiene subidas y bajadas o cuando tiene muchas curvas.

¿CUÁL CUERDA ES MÁS LARGA?

Las dos cuerdas son de igual tamaño. Una cuerda parece ser más corta porque está torcida y tiene muchas curvas.
Un camino que tiene muchas curvas será más largo que un camino recto.

¿ES IGUAL LA DISTANCIA?

La distancia entre cada casa es igual. No se necesita mucho tiempo para ir de la primera casa a la segunda. El camino es recto y plano. Se necesita mucho más tiempo para llegar a la tercera casa porque el camino sube y baja por una loma.

13

¿PUEDES MEDIR LA DISTANCIA?

Antes de la invención de la regla, se usaba el cuerpo para medir la distancia.

Se medían las distancias cortas utilizando el pulgar o la mano.

¿Qué tan ancho es?

Mide esta página con el pulgar. ¿Cuántas veces cabe tu pulgar?

¿Qué otras cosas puedes medir utilizando el pulgar o la mano?

MEDIDAS POR CUARTAS

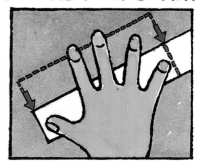

Estira bien la mano. La distancia del pulgar hasta el dedo meñique se llama una cuarta.

Marca la distancia que representa una cuarta de la mano tuya en una tira de papel. Puedes usarla para medir otras cosas.

¿Qué tan grandes son estas páginas? Utiliza la cuarta tuya para medir la distancia a través de las páginas 14 y 15.

14

Se medían las distancias más largas por el tamaño del pie, del brazo y de la zancada.

¿Cuántas cuartas necesitas para medir tu estatura?
Pídele a un amigo que ponga la mano en la pared para marcar tu estatura. Ahora, mide tu estatura por cuartas, empezando desde el piso y siguiendo hacia arriba.

¡ESTA DISTANCIA SE LLAMA EL ALCANCE DEL BRAZO!

¿CUÁL ES LA MANERA MÁS ADECUADA DE MEDIR?

¡UN ADULTO ES MUCHO MÁS GRANDE QUE YO!

Utilizar el cuerpo para medir podría crear problemas. Todas las personas son diferentes y por lo tanto, los resultados serían diferentes también.

Mide esta página utilizando el pulgar. ¿Son iguales las respuestas de todos? Ahora, mídela con presillas que se han puesto en una línea recta. La medida sale igual cada vez porque el tamaño de las presillas no cambia.

Si todo el mundo usara las mismas medidas de tamaño, los resultados serían iguales.

17

¿QUÉ ES UN PIE?

Aunque en la mayoría de los países del mundo se utiliza el sistema métrico para medir, en los Estados Unidos se utiliza un sistema que se basa en pulgadas, pies y millas.

18

12 PULGADAS = 1 PIE

5,280 PIES = 1 MILLA

¡MIDAMOS!

Pon el pulgar o el dedo meñique donde empieza la regla a la derecha. Después estira la mano hasta ver el tamaño de una cuarta tuya. Pídele a tus compañeros de clase que hagan lo mismo. ¿Quién tiene la cuarta más grande? ¿Quién tiene la cuarta más pequeña?

PULGADAS

Un pie se divide en doce partes iguales. Cada parte se llama una pulgada.

Pon el pulgar o el dedo meñique donde empieza la regla.

19

¿CÓMO MEDIMOS DISTANCIAS DIFERENTES?

Medimos las distancias cortas en pulgadas.

Medimos las distancias más largas en pies.

EL SOL ESTÁ A UNA DISTANCIA DE 93 MILLONES DE MILLAS DE LA TIERRA

Medimos las distancias muy largas en millas.

MI ESCUELA ESTÁ A UNA MILLA DE AQUÍ

¡MIDAMOS!

¿Qué tan grande es este libro? ¿Lo medirías en pulgadas, pies o millas?

¿Qué tan grande es la distancia a través de las páginas 20 y 21?

¿Qué tan larga es la página 21?

Mide las cosas alrededor de ti. Trata de escoger el método correcto cada vez que midas.

¿POR QUÉ HAY QUE MEDIR LA DISTANCIA?

Medimos las cosas por varias razones.

¿QUÉ TAN GRANDES SON LOS PIES TUYOS?

Necesitarás: Una hoja de papel
Una pluma con
 punta de fieltro
Una regla

1. Quítate los zapatos.
2. Pon un pie en el papel y trázalo.
3. Ahora haz lo mismo con el otro pie.

¿Son de igual tamaño los dos pies? Mídelos para averiguar. Pídeles a tus amigos que se midan los pies también.

¿Quién tiene los pies más grandes?
¿Quién tiene los pies más chiquitos?

22

¡A VECES UN PIE ES MÁS GRANDE QUE EL OTRO!

Si los zapatos nos quedan chiquitos, nos duelen los pies.

Si un puente no es suficientemente largo, no puedes cruzar al otro lado.

Los muebles deben ser del tamaño justo para ser útiles y cómodos.

23

¿POR QUÉ NOS MEDIMOS?

Nos medimos para que la ropa y los zapatos que compramos nos queden bien.

Medimos la estatura de los bebitos y los niños para saber si están saludables y si están desarollándose bien.

24

HAZ UNA GRÁFICA QUE MUESTRE LA ESTATURA

Necesitarás: Una hoja de papel que mida apróximadamente cinco pies

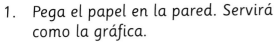

Una pluma con punta de fieltro
Una cinta métrica
Tachuelas
Etiquetas adhesivas

1. Pega el papel en la pared. Servirá como la gráfica.
2. Pídele a un amigo que marque tu estatura en el papel.
3. Con cuidado, mide tu estatura y escríbela al lado de la marca. Mide desde el piso hacia arriba.
4. Escribe tu nombre y tu estatura en la etiqueta. Pégala en la gráfica al lado de la marca que indica tu estatura.

Mide también a tus compañeros de clase.
¿Quién es el más alto de tu clase?

Vas a crecer cada año hasta que tengas 20 años.

25

¿PODEMOS MEDIR LAS COSAS REDONDAS?

Las medidas de un objeto redondo se llaman la circunferencia, el diámetro y el radio.

LA CIRCUNFERENCIA

Mide la distancia alrededor de la naranja. Esta distancia se llama la circunferencia.

EL DIÁMETRO

Toma la mitad de una naranja. Mídela a través del centro. Esta distancia se llama el diámetro.

EL RADIO

Mide del centro hasta el borde. Este distancia se llama el radio.

La distancia alrededor de
un objeto redondo
se llama la circunferencia.

La distancia a través de
la mitad de un objeto
redondo se llama
el diámetro.

La distancia del
centro hasta
el borde de un
objeto redondo
se llama
el radio.

LA DISTANCIA ALREDEDOR DE LA TIERRA ES 24,902 MILLAS

27

¿QUÉ TAN LEJOS ESTÁ LA LUNA?

☆ La luna está a una distancia de 240,000 millas de la tierra.

La distancia es tan grande que un astronave necesita tres días y tres noches para llegar allí.

¡ZUUMMM!

Imagínate que puedes dar vuelta a la tierra nueve o diez veces sin parar. Sería igual a la distancia que hay que viajar para llegar a la luna.

Una pulga es pequeñita, pero puede saltar una distancia equivalente a 600 veces el tamaño de su cuerpo.

¡AQUELLA PULGA DE VERAS PUEDE SALTAR!

¿SABÍAS?

Es posible que el cuello de una girafa mida 6.5 pies.

Las ballenas azules son los animales más grandes del mundo. Pueden medir 98 pies.

La cosa más alta del mundo es un árbol en California. Mide 366 pies.

La montaña más alta del mundo es el Everest. Mide 29,000 pies.

GLOSARIO

el alcance del brazo	La distancia que se mide al extender la mano de una persona hasta el hombro de otra.
la altura (de una cosa)	La distancia del fondo hasta la cima.
la circunferencia	La distancia alrededor de un círculo.
la cuarta	La distancia entre la punta del pulgar y el dedo meñique cuando la mano está bien estirada.
el diámetro	La distancia a través del centro de un círculo que se mide con una línea recta.
la distancia	La cantidad de espacio entre dos puntos o dos objetos.
la estatura	La medida de una persona.
la milla	Una unidad de medida igual a 5,280 pies.
el pie	Una unidad de medida igual a 12 pulgadas.
el pulgar	El dedo más gordo de la mano.
la pulgada	Una unidad de medida. Hay 12 pulgadas en un pie.
el radio	La distancia, medida por una línea recta, del centro de un círculo hasta el borde.
la zancada	El paso más grande que una persona puede dar.

30

ÍNDICE